Reflexões e máximas

FUNDAÇÃO EDITORA DA UNESP

Presidente do Conselho Curador
Marcos Macari

Diretor-Presidente
José Castilho Marques Neto

Editor-Executivo
Jézio Hernani Bomfim Gutierre

Conselho Editorial Acadêmico
Antonio Celso Ferreira
Cláudio Antonio Rabello Coelho
Elizabeth Berwerth Stucchi
Kester Carrara
Maria do Rosário Longo Mortatti
Maria Encarnação Beltrão Sposito
Maria Heloísa Martins Dias
Mario Fernando Bolognesi
Paulo José Brando Santilli
Roberto André Kraenkel

Editores-Assistentes
Anderson Nobara
Denise Katchuian Dognini
Dida Bessana

Coleção
PEQUENOS FRASCOS

Vauvenargues

(LUC DE CLAPIER, MARQUÊS DE)

Reflexões e máximas

Tradução
HÉLY DE BRUCHARD
Máximas de I a CCCXXX

FÚLVIA MARIA LUIZA MORETTO
Máximas de CCCXXXI a DXC

editora
unesp

© 2006 da tradução Editora UNESP
Maximes et pensées
Direitos de publicação reservados à:
Fundação Editora da UNESP (FEU)
Praça da Sé, 108
01001-900 – São Paulo – SP
Tel.: (0xx11) 3242-7171
Fax: (0xx11) 3242-7172
www.editoraunesp.com.br
feu@editora.unesp.br

CIP – Brasil, Catalogação na fonte
Sindicato Nacional dos Editores de Livros, RJ

V488r

Vauvenargues, 1715-1747
　Reflexões e máximas/Vauvenargues; tradução Hély de Bruchard, Fúlvia Maria Luiza Moretto. – São Paulo: Editora UNESP, 2007.
　(Pequenos frascos)

　ISBN 978-85-7139-765-1

　1. Máximas francesas – Obras anteriores a 1800. 2. Aforismos e apotegmas. I. Bruchard, Hély de. II. Moretto, Fúlvia. III. Título. IV. Série.

07.1763　　　　　　　　　　　　　　　　　　CDD 848
　　　　　　　　　　　　　　　　　　　　　　CDU 821.133.1-8

Editora afiliada:

Asociación de Editoriales Universitarias de América Latina y el Caribe

Associação Brasileira de Editoras Universitárias

Sumário

7 . Vauvenargues

13 . Ao leitor

Vauvenargues

Grande escritor da primeira metade do século XVIII, Luc de Clapier, marquês de Vauvenargues, de certa forma, passa atualmente pelo purgatório. As edições de suas obras são poucas e sua fortuna crítica, que só começou após sua morte e foi extensa durante o século XIX, diminuiu no século XX. Porém, sua figura de pensador lúcido e a força de sua obra impõem-se por sua originalidade e por sua posição precursora na literatura francesa. É hora de retomar a obra deste escritor que, assim como sua época, tem fé na ação humana e ao mesmo tempo se abre para a sensibilidade que marcou a segunda metade do século XVIII.

Vauvenargues nasceu em Aix-en-Provence, em 1715, de família nobre, sem fortuna e destinado a uma vida difícil. Entusiasmado pela glória das armas, entrou para o Exército francês, foi ferido com gravidade e, na trágica retirada da Boêmia (guerra de sucessão da Áustria), teve as pernas congeladas. Abandonou o Exército em 1744. Inválido, com a saúde agravada pela tísica, desfigurado pela varíola e em grande pobreza, morreu em 1747, aos 32 anos de idade. Vauvenargues ambicionara a glória militar, o que também era um traço comum de sua época. Na impossibilidade de obtê-la, assim como também não conseguira seguir a carreira diplomática, voltara-se para a literatura para a qual o preparara também sua grande cultura.

Dadas essas difíceis condições de vida, sua formação é em grande parte solitária: Vauvenargues é um autodidata. Como Rousseau, também meditou sobre as obras de Plutarco e, adulto, como La Rochefoucauld, voltou-se para as máximas, os aforismos com que se costuma criticar os defeitos humanos. Porém, não encontramos em Vauvenargues o pessimismo de La Rochefoucauld. Vauvenargues exprime seu otimismo em relação ao ser humano e sua alma aristocrata condiciona em toda sua obra e, naturalmente, em sua crítica, uma visão da psicologia humana que faz dele um dos grandes escritores da literatura francesa, que, na primeira metade do século XVIII, se antecipa aos caminhos que levariam ao movimento romântico. Essa é a posição de Vauvenargues: se, nascido no início do século XVIII, traz ele o hábito e o gosto da literatura psicológica do século XVII, da análise dos sentimentos, ele está ao mesmo tempo imerso no pensamento do século XVIII iluminista, haja vista sua grande admiração por Voltaire.

Ora, a primeira parte do século XVIII é marcada pelo rápido desenvolvimento e transformação do mundo, pelo recuo da metafísica e pela necessidade de apoiar as idéias sobre a própria reflexão, sobre a razão, capaz de responder pela certeza, pela ciência baseada agora no empirismo, na experiência. Os textos para isso não faltavam, nem a "crítica universal" e o processo de toda uma tradição baseada na autoridade da metafísica, nos quais se embrenhavam Montesquieu, Voltaire e tantos outros que punham em dúvida o pensamento estabelecido e partiam em busca de uma filosofia baseada na natureza das coisas, o que seria feito sob o comando do próprio homem. Estamos agora no reino da razão, vista como uma arma de combate a serviço do mundo contemporâneo.

Esse é o mundo em que viveu Vauvenargues, o mundo que o alimentou. Porém, se seus escritos não foram valorizados na primeira metade do século XVIII, é que houve neles uma visão mais moderna de seu tempo, visão que pouco depois seria expressa por Rousseau, ao abrir a estrada ao Eu e a uma felicidade trazida, sobretudo, pelo sentimento de sua própria existência. Nesse ponto, uma frase de Vauvenargues ilumina a visão moderna que estava por vir: "Nossas paixões não são distintas de nós mesmos; há entre elas as que são todo o fundamento e toda a substância de nossa alma" (*Introduction à la connaissance de l'esprit humain,* 1746). Pois seu pensamento já não se apóia apenas na razão iluminista de seu tempo, mas insiste no poder do sentimento na condução da vida humana, ou seja, o que catorze anos mais tarde, a partir de 1760, Rousseau revelará ao mundo com *Júlia, ou a nova Heloísa,* e *Émilio ou da educação.*

É nesse ponto, sobretudo, que as *Máximas* surpreendem: em um século de crítica ferina e mesmo sarcástica, diante dos ataques impiedosos de Voltaire, a crítica de Vauvenargues discorre com grandeza e respeito sobre os defeitos e o ridículo de seus contemporâneos. E, finalmente, como já dissemos, surpreende-nos o apelo constante do autor não à razão, considerada no universo iluminista a única arma segura na condução do ser humano, mas, invertendo a importância de suas faculdades, surpreende-nos seu apelo constante à sensibilidade, a todo aquele mundo que, como uma vaga imensa, invadirá a vida e, portanto, também a literatura e a arte não somente no movimento romântico, mas também em toda a época contemporânea.

Fúlvia Moretto

Ao leitor

Como há pessoas que lêem só para encontrar erros em um escritor, previno os que lerem estas reflexões que, se alguma delas apresentar um sentido pouco favorável à devoção, o autor renega esse mau sentido, e é o primeiro a assinar embaixo da crítica que lhe possa ser feita. Ele espera, no entanto, que as pessoas desinteressadas não tenham nenhuma dificuldade em interpretar corretamente seus sentimentos. Assim, quando diz: *A idéia da morte nos engana porque nos faz esquecer de viver*, está convencido de que irão perceber que é da idéia da morte sem a perspectiva religiosa que ele está falando. E em outra parte, quando diz: *A consciência dos moribundos lhes calunia a vida...*, está longe de afirmar que ela muitas vezes não os acuse com justiça. Mas não há quem não saiba que todas as proposições genéricas têm suas exceções. Se não foi tomado o cuidado de assinalá-las aqui, é porque o gênero escolhido não o permite. Bastará confrontar o autor consigo mesmo para julgar da pureza de seus princípios.

Previno ainda os leitores de que todos esses pensamentos não seguem uma ordem, mas muitos deles a seguem, e poderiam parecer obscuros ou deslocados se fossem separados. Não foi conservada, nesta edição, a seqüência dada na primeira. Foram excluídas mais de duzentas máximas. Algumas foram explicadas ou aumentadas, e umas poucas, acrescentadas.

I

É mais fácil dizer coisas novas do que conciliar as que já foram ditas.

II

O espírito humano é mais penetrante do que conseqüente, e engloba mais do que é capaz de encadear.

III

Quando uma idéia é fraca demais para suportar uma expressão simples, é sinal de que deve ser rejeitada.

IV
A clareza embeleza os pensamentos profundos.

V
A obscuridade é o reino do erro.

VI
Não haveria erros que não perecessem por si próprios, se claramente expressos.

VII
O que freqüentemente ilude um escritor é pensar que reproduz as coisas tal como as percebe ou sente.

VIII
Condenaríamos menos pensamentos em uma obra se os concebêssemos como o autor.

IX
Quando um pensamento nos aparece como uma profunda descoberta, e nos damos ao trabalho de desenvolvê-lo, não raro percebemos que é uma verdade de domínio público.

X

É raro aprofundarmos o pensamento do outro; de modo que, acaso mais tarde façamos a mesma reflexão, facilmente nos convencemos de que é novo, tantas são as circunstâncias e as correlações que ele apresenta e as quais tínhamos deixado escapar.

XI

Se uma idéia ou uma obra só interessam a poucas pessoas, poucas irão comentá-las.

XII

É um grande sinal de mediocridade elogiar sempre com moderação.

XIII

As fortunas rápidas de todo tipo são as menos sólidas, pois raramente são obra do mérito. Os frutos maduros, porém laboriosos, da prudência são sempre tardios.

XIV

A esperança anima o sábio e engana o presunçoso e o indolente, que levianamente descansam em suas promessas.

XV
Muitas desconfianças e esperanças razoáveis acabam frustradas.

XVI
A ambição ardente exila os prazeres desde a juventude para reinar soberana.

XVII
A Prosperidade faz poucos amigos.

XVIII
As longas prosperidades às vezes se esvaem em um só instante, como o calor do verão é varrido por um dia de temporal.

XIX
A coragem possui, diante das desgraças, mais recursos que a razão.

XX
A razão e a liberdade são incompatíveis com a fraqueza.

XXI
A guerra não é tão onerosa quanto a servidão.

XXII
A servidão rebaixa os homens até fazer-se amar por eles.

XXIII
A prosperidade dos reis maus é fatal para os povos.

XXIV
Não é dado à razão consertar todos os vícios da natureza.

XXV
Antes de atacar um abuso, temos de ver se conseguimos destruir seus alicerces.

XXVI
As injustiças inevitáveis são leis da natureza.

XXVII
Não temos o direito de tornar infelizes aqueles que não podemos tornar bons.

XXVIII
Podemos ser justos se não formos humanos.

XXIX

Alguns autores tratam a moral como se trata a nova arquitetura, na qual se busca, antes de tudo, a comodidade.

XXX

Há uma grande diferença entre tornar a virtude fácil para consolidá-la e igualá-la ao vício para destruí-la.

XXXI

Nossos erros e divergências em moral advêm, às vezes, de considerarmos os homens como se pudessem ser inteiramente viciosos ou inteiramente bons.

XXXII

Talvez não exista verdade que não seja, em uma mente equivocada, matéria para erro.

XXXIII

As gerações de opiniões são, como as dos homens, alternadamente boas e viciosas.

XXXIV

Desconhecemos o atrativo das agitações violentas. Aqueles cujas dificuldades lamentamos desprezam nosso descanso.

XXXV
Ninguém deseja que se compadeçam de seus erros.

XXXVI
Os temporais da juventude são cercados de dias luminosos.

XXXVII
Os jovens conhecem melhor o amor que a beleza.

XXXVIII
As mulheres e os jovens não separam o afeto do gosto.

XXXIX
O hábito é tudo, até no amor.

XL
Existem poucas paixões constantes; existem muitas sinceras: sempre foi assim. Mas os homens gabam-se de ser constantes ou indiferentes, conforme a moda, que sempre excede a natureza.

XLI
A razão envergonha-se das inclinações que não consegue justificar.

XLII
O segredo dos mínimos prazeres da natureza ultrapassa a razão.

XLIII
É uma prova de estreiteza de espírito distinguir sempre o estimável do amável. As grandes almas amam naturalmente o que é digno de sua estima.

XLIV
A estima desgasta-se como o amor.

XLV
Ao sentir que não conseguimos fazer que alguém nos estime estamos bem perto de odiá-lo.

XLVI
Aqueles a quem falta probidade nos prazeres, apenas a simulam nos negócios. É sinal de temperamento feroz, o prazer não tornar humano.

XLVII
Os prazeres ensinam os príncipes a se familiarizar com os homens.

XLVIII
O tráfico da honra não enriquece.

XLIX
Os que nos fazem comprar sua probidade geralmente só nos vendem sua honra.

L
A consciência, a honra, a castidade, o amor e a estima dos homens valem ouro. A liberalidade multiplica as vantagens das riquezas.

LI
Quem sabe tornar útil sua prodigalidade possui uma grande e nobre economia.

LII
Os tolos não compreendem as pessoas de espírito.

LIII
Ninguém, mais que um tolo, se acha capaz de enganar um homem de espírito.

LIV
Não raro negligenciamos os homens sobre os quais a natureza nos dá certa ascendência, que são aqueles

que devemos prender e, de certo modo, incorporar a nós, já que só atraímos os outros pelo interesse, o mais mutável objeto do mundo.

LV
Não há pessoas mais azedas do que as que são doces por interesse.

LVI
O interesse faz poucas fortunas.

LVII
É falso termos feito fortuna se não sabemos gozá-la.

LVIII
O amor pela glória faz as grandes fortunas entre os povos.

LIX
Possuímos tão pouca virtude que nos sentimos ridículos por amar a glória.

LX
A fortuna exige cuidados. Precisamos ser flexíveis, divertidos, maquinar, não ofender ninguém, agra-

dar às mulheres e aos homens de destaque, tomar parte nos prazeres e nos negócios, guardar nosso segredo, saber nos entediar à mesa de noite e jogar três quadrilhas sem levantar da cadeira: mesmo depois disso tudo, não temos nenhuma certeza. Quanto desgosto e aborrecimento nos pouparíamos se ousássemos chegar à glória só pelo mérito!

LXI
Alguns loucos se disseram à mesa: só nós somos bons; e os outros acreditaram.

LXII
Os atores levam a vantagem, sobre as pessoas de espírito, de ter a honra de representar pessoas ricas.

LXIII
As pessoas de espírito estariam quase sozinhas não fossem os tolos que se gabam de sê-lo.

LXIV
Aquele que, de manhã, se veste antes das oito para escutar os pleitos na audiência, olhar quadros expostos no Louvre, ou estar presente aos ensaios de

uma peça prestes a estrear, e se diz capaz de julgar todo gênero de trabalho alheio, é um homem a quem, não raro, falta apenas bom gosto e espírito.

LXV
Ofendemo-nos menos pelo desprezo dos tolos do que por sermos medianamente estimados pelas pessoas de espírito.

LXVI
Fazer elogios que marquem os limites de seu mérito é ofender os homens; são poucas as pessoas suficientemente modestas para suportar sem dificuldade a apreciação dos outros.

LXVII
Difícil é prezar alguém como ele o deseja.

LXVIII
Temos de nos consolar por não possuirmos os grandes talentos, como nos consolamos por não ocupar as altas posições. É possível estar acima de ambos pelo coração.

LXIX
Na razão e na extravagância, na virtude e no vício, há homens felizes. A satisfação não é a marca do mérito.

LXX
Seria a paz de espírito a melhor prova de virtude? A saúde a proporciona.

LXXI
Se a glória e o mérito não tornam os homens felizes, será que o que chamam felicidade merece que sintam sua falta? Uma alma com um pouco de coragem se dignaria a aceitar a fortuna, a paz de espírito ou a moderação, se para isso fosse preciso sacrificar o vigor de seus sentimentos e moderar o impulso de seu talento?

LXXII
A moderação dos grandes homens só limita seus vícios.

LXXIII
A moderação dos fracos é mediocridade.

LXXIV

O que é arrogância nos fracos é grandeza nos fortes; como a força dos doentes é delírio e a dos sãos, vigor.

LXXV

O sentimento das nossas forças as faz aumentar.

LXXVI

Não julgamos os outros tão diversamente como julgamos a nós mesmos.

LXXVII

Não é verdade que os homens sejam melhores na pobreza do que na riqueza.

LXXVIII

Rico ou pobre, ninguém é virtuoso ou feliz se a fortuna não o colocou no lugar certo.

LXXIX

É preciso cultivar o vigor do corpo para manter o do espírito.

LXXX

Obtêm-se poucos préstimos dos velhos.

LXXXI
Os homens têm vontade de prestar favores enquanto têm poder para tanto.

LXXXII
O avarento indaga intimamente – Será que sou responsável pelo destino dos miseráveis? – e repele a compaixão que o perturba.

LXXXIII
Aqueles que acreditam não mais precisar dos outros se tornam intratáveis.

LXXXIV
É raro obter muito dos homens dos quais precisamos.

LXXXV
Ganha-se pouco com a esperteza.

LXXXVI
Nossos protetores mais confiáveis são nossos talentos.

LXXXVII
Todos os homens se julgam dignos dos melhores lugares; mas a natureza, que não os capacitou para

tanto, também faz que se dêem por muito satisfeitos nos últimos.

LXXXVIII
Desprezamos os grandes desígnios quando não nos sentimos capazes de grandes sucessos.

LXXXIX
Os homens têm grandes pretensões e pequenos planos.

XC
Os grandes homens empreendem as grandes coisas por elas serem grandes; e os loucos, por pensarem que são fáceis.

XCI
Às vezes é mais fácil formar um partido do que chegar gradualmente à liderança de um já formado.

XCII
Não há resolução tão fácil de ser arruinada como aquela que só a prudência tomou. Os caprichos da natureza não são tão frágeis quanto as obras-primas da arte.

XCIII
É possível dominar pela força, mas nunca só pela habilidade.

XCIV
Quem só possui esperteza não ocupa o primeiro lugar em parte alguma.

XCV
A força pode tudo empreender contra os espertos.

XCVI
O máximo da esperteza está em governar sem a força.

XCVII
Há pouca esperteza em enganar os outros.

XCVIII
A probidade, que impede os espíritos medíocres de atingir seus fins, é para as pessoas espertas um meio a mais de vencer.

XCIX
Aqueles que não sabem tirar partido dos outros costumam ser pouco acessíveis.

C
As pessoas espertas não rejeitam ninguém.

CI
A extrema desconfiança não é menos nociva que seu contrário. A maioria dos homens torna-se inútil para quem não quer correr o risco de ser enganado.

CII
É preciso tudo esperar e tudo temer do tempo e dos homens.

CIII
Os maus sempre ficam surpresos ao descobrir esperteza nos bons.

CIV
Tanto segredos de mais quanto de menos a respeito de nossos assuntos revelam uma alma fraca.

CV
A familiaridade é o aprendizado do espírito.

CVI
Descobrimos em nós mesmos o que os outros nos escondem e reconhecemos nos outros o que escondemos de nós mesmos.

CVII
As máximas dos homens desvendam seu coração.

CVIII
As pessoas falsas trocam freqüentemente de máximas.

CIX
Os espíritos superficiais tendem à complacência.

CX
Os mentirosos são baixos e presunçosos.

CXI
Poucas máximas são verdadeiras em todos os sentidos.

CXII
Dizemos poucas coisas consistentes quando tentamos dizer coisas extraordinárias.

CXIII
Orgulhamo-nos tolamente de convencer os outros daquilo que nós mesmos não pensamos.

CXIV
A espirituosidade dos outros não nos diverte por muito tempo.

CXV
Os melhores autores falam demais.

CXVI
O recurso dos que não imaginam é contar.

CXVII
A esterilidade de sentimentos alimenta a preguiça.

CXVIII
Um homem que não almoça nem janta em casa se julga ocupado. E aquele que passa a manhã lavando a boca e dando audiência a seu bordador zomba da ociosidade de um jornalista que todo dia passeia antes do jantar.

CXIX
Não haveria muitas pessoas felizes se decidir sobre nossas ocupações e prazeres dependesse dos outros.

CXX
Quando uma coisa não nos pode fazer mal, devemos desconhecer os que nos afastam dela.

CXXI
Existem mais maus conselhos que caprichos.

CXXII
Não se deve acreditar facilmente que o que a natureza fez amável seja vicioso. Não há século ou povo que não tenha instaurado virtudes e vícios imaginários.

CXXIII
A razão nos engana mais freqüentemente que a natureza.

CXXIV
A razão desconhece os interesses do coração.

CXXV
Se a paixão às vezes aconselha com mais audácia que a reflexão, é porque ela dá mais forças para executar.

CXXVI

Se as paixões erram mais que o juízo, é pelo mesmo motivo pelo qual os que governam cometem mais erros que os indivíduos.

CXXVII

Os grandes pensamentos vêm do coração.

CXXVIII

O bom instinto não precisa da razão, mas ele a fornece.

CXXIX

Pagamos caro os mínimos bens quando eles só nos vêm da razão.

CXXX

A magnanimidade não deve contas à prudência sobre seus motivos.

CXXXI

Ninguém está mais sujeito a errar do que aqueles que só agem por reflexão.

CXXXII
Não fazemos muitas coisas grandes seguindo impulsos.

CXXXIII
A consciência é a mais mutável das regras.

CXXXIV
A falsa consciência não conhece a si mesma.

CXXXV
A consciência é presunçosa nos fortes, tímida nos fracos e infelizes, inquieta nos indecisos etc.; órgão do sentimento que nos domina e das opiniões que nos governam.

CXXXVI
A consciência dos moribundos lhes calunia a vida.

CXXXVII
A firmeza ou a fraqueza da morte dependem da derradeira doença.

CXXXVIII
A natureza, esgotada pela dor, às vezes atenua os sentimentos dos doentes e retém a volubilidade de

seu espírito; e aqueles que temiam a morte sem risco, suportam-na sem medo.

CXXXIX
Em certos homens a doença anula a coragem, em outros, o medo e até o amor pela vida.

CXL
A vida não pode ser julgada por regra mais falsa do que a morte.

CXLI
É injusto exigir de uma alma apavorada e derrotada pelos sobressaltos de um mal temível que conserve o mesmo vigor que demonstrou em outros tempos. Surpreende-nos que um doente já não possa andar, ou manter-se acordado, ou manter-se em pé? Não seria mais estranho se ele ainda fosse o homem que era quando são? Se tivemos enxaqueca ou se dormimos mal, a nossa incapacidade de atenção nesse dia nos é perdoada, e ninguém supõe que tenhamos sempre sido negligentes. Será que negaremos a um homem que está morrendo o privilégio que concedemos ao que tem dor de cabeça; e ousaremos afirmar que nunca teve coragem quando são, só porque ela lhe faltou na agonia?

CXLII
Para executar coisas grandes devemos viver como se não fôssemos morrer nunca.

CXLIII
A idéia da morte nos engana, pois nos faz esquecer de viver.

CXLIV
Penso, às vezes, comigo mesmo: A vida é curta demais para merecer que eu me preocupe com ela. Mas, se algum importuno me faz uma visita, e me impede de sair e me vestir, perco a paciência e não consigo suportar entediar-me por meia hora.

CXLV
A mais falsa das filosofias é aquela que, a pretexto de libertar os homens das dificuldades das paixões, lhes aconselha o ócio, o descuido e o auto-esquecimento.

CXLVI
Se toda a nossa previdência não nos pode tornar a vida feliz, muito menos nossa indolência.

CXLVII

Ninguém diz pela manhã: um dia passa depressa, vamos esperar a noite. Pelo contrário, sonhamos na véspera com o que vamos fazer no dia seguinte. Ficaríamos muito chateados se passássemos um único dia à mercê do tempo e dos aborrecidos. Não ousaríamos deixar ao acaso o emprego de algumas horas; e com razão: pois quem pode contar com uma hora passada sem tédio, se não se dedicar a preencher esse curto espaço a bel-prazer? Mas com o que não ousaríamos contar por uma hora, contamos, às vezes, por toda a vida, e dizemos: que loucos somos por nos preocuparmos tanto com o futuro; ou seja: que loucos somos por não delegarmos ao acaso nosso destino e por preenchermos o intervalo que está entre nós e a morte.

CXLVIII

Nem o enfado é um sinal de saúde, nem o apetite, uma doença, muito pelo contrário. Assim pensamos a respeito do corpo. Mas julgamos a alma por outros princípios. Supomos que a alma forte é aquela isenta de paixões; e como a juventude é ardente e mais ativa que a última idade, é encarada como um tempo febril; e situamos a força do homem em sua decadência.

CXLIX

O espírito é o olho da alma, não sua força. Sua força está no coração, ou seja, nas paixões. A razão mais esclarecida não leva a agir ou a querer. Basta ter uma boa visão para andar? Não é preciso também ter pés, e a vontade com poder de movê-los?

CL

A razão e o sentimento se aconselham e completam sucessivamente. Quem consulta apenas um dos dois e renuncia ao outro, priva levianamente a si mesmo de uma parte dos recursos que nos foram concedidos para dirigir-nos.

CLI

Talvez devamos às paixões as maiores vantagens do espírito.

CLII

Se os homens não tivessem amado a glória, não teriam espírito nem virtude suficientes para merecê-la.

CLIII

Será que teríamos cultivado as artes sem as paixões? E a mera reflexão ter-nos-ia revelado nossos recursos, nossas necessidades e nossa engenhosidade?

CLIV
As paixões ensinaram aos homens a razão.

CLV
Na infância de todos os povos, bem como na dos indivíduos, o sentimento sempre precedeu a reflexão e foi seu primeiro mestre.

CLVI
Quem observar a vida de um único homem encontrará toda a história do gênero humano, que nem a ciência, nem a experiência conseguiram tornar bom.

CLVII
Se é verdade que o vício não pode ser eliminado, a ciência dos governantes está em fazer que ele contribua para o bem de todos.

CLVIII
Os jovens sofrem menos por seus erros do que pela prudência dos velhos.

CLIX
Como o sol no inverno, os conselhos da velhice iluminam sem aquecer.

CLX
A desculpa habitual dos que causam a desgraça dos outros é que querem o seu bem.

CLXI
É justo exigir das pessoas que façam, em deferência a nossos conselhos, o que elas não querem fazer para si próprias?

CLXII
É preciso deixar que as pessoas cometam grandes erros em detrimento próprio, para evitar um mal maior: a servidão.

CLXIII
Todo aquele que é mais severo que as leis é um tirano.

CLXIV
O que não atenta contra a sociedade não compete à justiça.

CLXV
É usurpar a clemência de Deus castigar sem necessidade.

CLXVI

A moral austera aniquila o vigor do espírito, como os filhos de Esculápio destroem o corpo para destruir, no sangue, algum vício freqüentemente imaginário.

CLXVII

A clemência vale mais que a justiça.

CLXVIII

Censuramos muito os menores erros dos desfavorecidos e nos condoemos pouco com suas maiores desgraças.

CLXIX

Reservamos nossa indulgência para as pessoas perfeitas.

CLXX

Não sentimos pena de um homem por ele ser tolo, e talvez tenhamos razão; mas é bastante agradável imaginar que a culpa é dele.

CLXXI

Nenhum homem é fraco por opção.

CLXXII

Repreendemos os desfavorecidos para nos furtarmos à compaixão.

CLXXIII

A generosidade sofre pelos males alheios como se fosse responsável por eles.

CLXXIV

A ingratidão mais odiosa, mas a mais antiga e corriqueira, é a dos filhos para com os pais.

CLXXV

Não somos muito gratos a nossos amigos por apreciarem nossas boas qualidades se ousam perceber nossos defeitos.

CLXXVI

Podemos amar de todo o coração aqueles nos quais notamos grandes defeitos. Seria impertinente achar que só a perfeição tem o direito de agradar-nos. Às vezes nossas fraquezas aproximam-nos tanto quanto a virtude.

CLXXVII

Os príncipes fazem muita gente ingrata porque não dão tudo aquilo que podem.

CLXXVIII
O ódio é mais vívido que a amizade e menos vívido que a glória.

CLXXIX
Quando nossos amigos nos prestam favores pensamos que, como amigos, nos devem esses favores, e nunca pensamos que eles não nos devem sua amizade.

CLXXX
Não nasceu para a glória quem não conhece o valor do tempo.

CLXXXI
A atividade gera mais fortunas que a prudência.

CLXXXII
Quem nasceu para obedecer, obedece até mesmo em um trono.

CLXXXIII
A natureza não parece ter criado os homens para a independência.

CLXXXIV
Para escaparmos da força, fomos obrigados a nos submeter à justiça. A justiça ou a força, foi preciso optar entre esses dois senhores: tão pouco éramos feitos para a liberdade.

CLXXXV
A dependência nasceu da sociedade.

CLXXXVI
Será surpreendente os homens terem pensado que os animais foram feitos para eles, se assim pensam sobre seus semelhantes e se a fortuna acostuma os poderosos a só considerarem a si mesmos no mundo?

CLXXXVII
Entre reis, entre povos, entre indivíduos, o mais forte se dá direitos sobre o mais fraco, e a mesma regra é seguida pelos animais e seres inanimados: de modo que, no universo, tudo se dá pela violência; e essa ordem, que criticamos com certa aparência de justiça, é a lei mais geral, mais imutável e importante da natureza.

CLXXXVIII
Os fracos querem ser dependentes, a fim de serem protegidos. Aqueles que temem os homens amam as leis.

CLXXXIX
Quem sabe suportar tudo pode tudo ousar.

CXC
Existem ofensas que é melhor dissimular para não comprometer a própria honra.

CXCI
É bom ser firme por temperamento e flexível por reflexão.

CXCII
Os fracos, às vezes, querem que os julguemos maus; os maus, porém, querem passar por bons.

CXCIII
Se a ordem domina no gênero humano, é prova de que nele a razão e a virtude são mais fortes.

CXCIV
A lei dos espíritos não difere da lei dos corpos, que só se podem manter por uma alimentação contínua.

CXCV
Quando os prazeres nos tiverem esgotado, pensaremos ter esgotado os prazeres; e diremos então que nada pode preencher o coração do homem.

CXCVI
Desprezamos muitas coisas para não desprezar a nós mesmos.

CXCVII
Nosso enfado não é defeito e insuficiência dos objetos externos, como gostamos de acreditar, mas um esgotamento de nossos próprios órgãos e um testemunho de nossa fraqueza.

CXCVIII
O fogo, o ar, o espírito, a luz, tudo vive por meio da ação. Daí a comunicação e a aliança entre todos os seres; daí a unidade e a harmonia no universo. Consideramos, no entanto, essa lei da natureza tão fecunda um vício no homem; e por ele ser obrigado a obedecer-lhe, sem poder sobreviver em repouso, concluímos que ele está fora de seu lugar.

CXCIX

O homem só se dispõe ao repouso para libertar-se da sujeição e do trabalho; mas é só na ação que ele pode sentir prazer e é só dela que ele gosta.

CC

O fruto do trabalho é o mais doce dos prazeres.

CCI

Onde tudo é dependente, existe um senhor. O ar pertence ao homem e o homem ao ar; nada é de si próprio, nem é isolado.

CCII

Oh, sol! Oh, céus! O que são vocês? Descobrimos o segredo e a ordem de vosso movimentos. Na mão do Ser dos vossos instrumentos cegos e energias talvez insensíveis, será que o mundo sobre o qual reinais merece nossas homenagens? As revoluções dos impérios, a face diversa dos tempos, as nações que já dominaram e os homens que fizeram o destino dessas mesmas nações, as principais opiniões e os costumes que dividiram as crenças dos povos na religião, nas artes, na moral e nas ciências, o que pode parecer isso tudo? Um átomo quase invisível que chamamos homem, que rasteja sobre a face da Terra e dura apenas um dia, que de certa forma abraça com um olhar o espetáculo do universo em todas as idades.

CCIII
Quando se possuem muitas luzes, admira-se pouco; quando se carece delas, também. A admiração marca o grau de nossos conhecimentos e é mais raro que prove a perfeição das coisas do que a imperfeição de nosso espírito.

CCIV
Não há grande vantagem em ter uma mente viva, se ela não for justa. A perfeição de um relógio não está na rapidez, mas na precisão.

CCV
Ser imprudente ou ousado ao falar é quase sempre a mesma coisa; mas é possível falar sem prudência e falar certo; e não se deve julgar que um homem possua uma mente equivocada só porque a audácia de seu caráter ou a vivacidade de suas paixões lhe tenham arrancado uma verdade perigosa à sua revelia.

CCVI

Há mais seriedade que loucura no espírito dos homens. Poucos nasceram agradáveis; a maioria torna-se agradável por imitação, pois são plagiários frios da vivacidade e da alegria.

CCVII

Aqueles que zombam das inclinações sérias amam seriamente as bagatelas.

CCVIII

Variam os dons, variam os gostos. Nem sempre é por inveja que nos denegrimos reciprocamente.

CCIX

Julgamos as produções do espírito como os trabalhos mecânicos. Ao comprar um anel, dizemos: este é muito grande, aquele é muito pequeno, até acharmos algum que se ajuste a nosso dedo. Mas não sobra nenhum no joalheiro: o que para mim era pequeno serve em outra pessoa.

CCX

Quando dois autores sobressaem em gêneros distintos, em geral não levamos suficientemente em conta a subordinação de seus talentos, e Despréaux* se iguala a Racine: o que é uma injustiça.

CCXI

Gosto do escritor que abrange todos os tempos e países e relaciona muitos efeitos a poucas causas; que compara os preconceitos e os costumes dos diferentes séculos; que, pelos exemplos extraídos da pintura ou da música, me leva a conhecer as belezas da eloqüência e a estreita relação entre as artes. De um homem que associa assim as coisas humanas, digo que tem grande talento, se suas deduções forem corretas. Mas se concluir mal, suponho que ele distingue mal os objetos ou que não capta seu conjunto em um só olhar e, afinal, que algo lhe falta no alcance ou na profundidade de seu espírito.

CCXII

É fácil discernir entre o verdadeiro e o falso alcance do espírito, pois um engrandece seus temas; o outro, pelo abuso de episódios e a pompa da erudição, os aniquila.

---

* Trata-se de Boileau (1636-1711), cujo nome completo era Boileau-Despréaux. (N.T.)

CCXIII

Alguns exemplos, dados em poucas palavras e oportunamente, emprestam mais brilho, peso e autoridade às reflexões; o excesso de exemplos e detalhes sempre enfraquece um discurso. Digressões muito longas ou muito freqüentes rompem a unidade do tema e cansam os leitores sensatos que não querem ser desviados do assunto principal e, aliás, não conseguem acompanhar senão com muito esforço um encadeamento muito longo de fatos e provas. Nunca é demais associar as coisas, nem cedo demais para concluir. É preciso captar de relance a prova real do próprio discurso e voar para a conclusão. Um espírito sagaz foge do circunstancial e deixa aos escritores medíocres o cuidado de se deter na colheita das flores que encontram em seu caminho. A eles cabe divertir o povo, que lê sem objetivo, sem penetração e sem gosto.

CCXIV

Um tolo com boa memória está repleto de idéias e fatos dos quais não sabe, porém, tirar conclusões: tudo se limita a isto.

CCXV

Saber associar bem as coisas, eis o espírito exato. O dom para associar muitas e grandes coisas faz os espíritos vastos. Assim, a precisão parece ser o primeiro nível e condição necessária para o verdadeiro alcance do espírito.

CCXVI

Um homem que digere mal e é voraz: talvez seja essa uma imagem bastante fiel do tipo de espírito da maioria dos eruditos.

CCXVII

Não aprovo de modo algum a máxima que afirma que *um homem de bem deve saber de tudo um pouco*. É um saber quase sempre inútil e, às vezes, pernicioso, o saber superficialmente e sem princípios. É verdade que a maioria dos homens é incapaz de conhecer profundamente; mas também é verdade que essa ciência superficial que eles buscam só serve para satisfazer sua vaidade. Ela prejudica os que têm um talento verdadeiro: pois fatalmente desvia-os de seu objeto principal, consome sua atenção em detalhes e assuntos estranhos às suas necessidades e aptidões naturais e não serve, enfim, como alardeiam, para demonstrar a vastidão de seu espírito. Em todas as épocas existiram homens de espírito bem medíocre que sabiam muito; e, ao contrário, espíritos muito vastos que sabiam bem pouco. Nem a ignorância é defeito do espírito, nem o saber é prova de talento.

CCXVIII

A verdade escapa ao juízo assim como os fatos escapam à memória. As diversas facetas das coisas alternadamente apoderam-se de um espírito vivo e fazem que ele abandone e retome as mesmas opiniões sucessivamente. O gosto não é menos inconstante: desgasta-se nas coisas mais agradáveis e varia como nosso estado de espírito.

CCXIX

Talvez existam entre os homens tantas verdades quanto erros, tanto boas quanto más qualidades, tantos prazeres quanto tristezas: mas gostamos de controlar a natureza humana, para tentar nos elevar acima de nossa espécie, e enriquecermo-nos com a consideração de que procuramos despojá-la. Somos tão presunçosos que pensamos poder separar nosso interesse pessoal do da humanidade e falar mal do gênero humano sem nos comprometer. Essa vaidade ridícula encheu os livros dos filósofos de invectivas contra a natureza. O homem agora caiu em desgraça para todos aqueles que pensam, que tratam de imputar-lhe o maior número de vícios. Mas ele talvez esteja a ponto de reerguer-se e fazer que lhe sejam restituídas todas as suas virtudes, pois, como o vestuário, a música, a arquitetura etc., a filosofia tem suas modas.

CCXX

Basta que uma opinião se torne comum para obrigar os homens a abandoná-la e adotar a contrária, até que esta por sua vez envelheça, e eles precisem se distinguir por outras coisas. Assim, se atingem sua meta em alguma arte ou ciência, é de se esperar que a ultrapassem para alcançar uma nova glória: e é isto, em parte, que faz que os séculos mais belos degenerem tão rapidamente e, mal saídos da barbárie, nela tornem a mergulhar.

CCXXI

Ao ensinar os fracos a refletir, os grandes homens os colocaram no caminho do erro.

CCXXII

Onde existe grandeza, sentimo-la, mesmo contra a vontade. A glória dos conquistadores sempre foi combatida; sempre fez que os povos sofressem e eles sempre a respeitaram.

CCXXIII

O contemplador, indolentemente deitado em um quarto atapetado, critica o soldado que passa as noites de inverno à margem de um rio e, a serviço, vela em silêncio pela segurança da pátria.

CCXXIV

Não é em levar fome e miséria aos estrangeiros que consiste a glória para o herói, mas em suportá-las pelo Estado; não em levar a morte, mas em desafiá-la.

CCXXV

O vício fomenta a guerra: a virtude combate. Se não houvesse nenhuma virtude teríamos paz para sempre.

CCXXVI

O vigor do espírito e a habilidade fizeram as primeiras fortunas. A desigualdade das condições nasceu daquelas dos talentos e das coragens.

CCXXVII

Não é verdade que a igualdade seja uma lei da natureza. A natureza não fez nada igual. Sua lei soberana é a subordinação e a dependência.

CCXXVIII

Por mais que se atenue a autoridade em um Estado, nenhuma lei é capaz de impedir um tirano de abusar do poder de seu cargo.

CCXXIX

Somos forçados a respeitar os dons da natureza, que nem o estudo nem a fortuna podem oferecer.

CCXXX

A maioria dos homens está tão presa à esfera de sua posição social, que sequer tem coragem para escapar por suas próprias idéias; e se há alguns que a especulação das coisas grandes, de certa forma, torna incapazes das pequenas, é bem maior o número daqueles a quem a prática das pequenas retirou até mesmo a noção das grandes.

CCXXXI

As esperanças mais ridículas e as mais audaciosas às vezes foram causa de sucessos extraordinários.

CCXXXII

Os súditos fazem sua corte com muito mais gosto do que os príncipes a recebem. Somos sempre mais sensíveis em conquistar do que em desfrutar.

CCXXXIII

Neglicenciamos a glória por pura preguiça, enquanto empreendemos esforços infinitos pelo menor interesse.

CCXXXIV

Às vezes apreciamos até mesmo os elogios que não julgamos sinceros.

CCXXXV

É preciso ter grandes recursos no espírito e no coração para apreciar a sinceridade quando ela fere, ou para praticá-la sem que ela ofenda. Poucas pessoas têm estofo suficiente para suportar e dizer a verdade.

CCXXXVI

Existem homens que, sem perceber, formam uma idéia de sua imagem, que tomam emprestada do sentimento que os domina; e talvez seja por essa razão que um vaidoso sempre se acha belo.

CCXXXVII

Quem só possui espírito tem gosto pelas coisas grandes e paixão pelas pequenas.

CCXXXVIII

A maioria dos homens envelhece em um pequeno círculo de idéias que não buscaram em si mesmos; há, talvez, menos mentes equivocadas do que estéreis.

CCXXXIX

Tudo aquilo que diferencia os homens parece pouca coisa. O que faz a beleza ou a feiúra, a saúde ou a enfermidade, a espirituosidade ou a estupidez? Uma ligeira diferença orgânica, um pouco mais ou menos de bílis etc. No entanto, esse mais ou esse menos tem uma importância infinita para os homens; e se julgam diferentemente, estão errados.

CCXL

Duas coisas na velhice mal conseguem substituir os talentos e os encantos: a reputação e as riquezas.

CCXLI

Não gostamos dos *zelosos* que se especializam em desprezar tudo aquilo de que nos orgulhamos, ao passo que eles mesmos se orgulham de coisas ainda mais desprezíveis.

CCXLII
Por mais que nos condenem a vaidade, às vezes precisamos que nos confirmem o mérito.

CCXLIII
Raramente consolamo-nos das grandes humilhações: nós as esquecemos.

CCXLIV
Quanto menos poderosos somos no mundo, mais podemos cometer erros impunemente ou ter um verdadeiro mérito inutilmente.

CCXLV
Quando a fortuna quer humilhar os sábios, surpreende-os naquelas pequenas ocasiões em que se está geralmente sem precaução e sem defesa. O homem mais hábil do mundo não pode impedir que faltas leves às vezes acarretem terríveis desgraças. E perde sua reputação ou fortuna por uma pequena imprudência, como um outro quebra a perna andando pelo quarto.

CCXLVI
Seja por vivacidade, por altivez, por avareza, não há homem que não traga no próprio caráter a oportunidade contínua de cometer erros; e se eles são sem gravidade, é à fortuna que ele o deve.

CCXLVII
Ficamos consternados com nossas recaídas e ao perceber que sequer nossos infortúnios puderam corrigir nossos defeitos.

CCXLVIII
A necessidade ameniza mais o sofrimento do que a razão.

CCXLIX
A necessidade envenena os males que não pode curar.

CCL
Os escolhidos pela fortuna ou pela glória, a nosso ver infelizes, não nos desviam da ambição.

CCLI
A paciência é a arte de esperar com confiança.

CCLII

O desespero maximiza não só nosso infortúnio, mas também nossa fraqueza.

CCLIII

As dádivas e os golpes do destino não se igualam aos da natureza, que o supera tanto em rigor quanto em bondade.

CCLIV

O bem e o mal extremos não são sentidos pelas almas medíocres.

CCLV

Talvez haja mais espíritos levianos na assim chamada sociedade do que nos meios menos afortunados.

CCLVI

As elites não se entretêm com coisas tão pequenas quanto as do povo; mas o povo não se ocupa de coisas tão frívolas quanto as da elite.

CCLVII

Encontramos na história grandes personagens governados pela volúpia ou pelo amor; ela não me traz à memória nenhum que fosse galante. O que faz o mérito essencial de alguns homens não pode sobreviver sequer como fraqueza em outros.

CCLVIII
Às vezes procuramos os homens que nos impressionaram por sua aparência, como os jovens que seguem apaixonadamente um mascarado, tomando-o pela mulher mais linda do mundo, atormentando-o até obrigá-lo a descobrir-se e fazê-los ver que se trata de um homem baixinho de barba e de rosto sombrio.

CCLIX
O tolo, em boa companhia, adormece e faz a sesta, como alguém que a curiosidade retirou de seu meio, e não consegue respirar nem viver em um ar rarefeito.

CCLX
O tolo é como o povo, que se julga rico com pouco.

CCLXI
Quem nada quer perder ou ocultar do próprio espírito, geralmente acaba minorando seu prestígio.

CCLXII

Autores sublimes não descuidaram de primar também no entretenimento, orgulhosos de preencher o lapso entre os dois extremos e abranger toda a esfera do espírito humano. O público, ao invés de aplaudir a universalidade de seus talentos, pensou que fossem incapazes de se manter no heróico; e não se ousa igualá-los aos grandes homens que, restringindo-se a um só e belo tipo, parecem ter desdenhado dizer tudo o que calaram e delegado aos gênios subalternos os talentos medianos.

CCLXIII

O que para uns parece vastidão de espírito para outros não passa de memória e leviandade.

CCLXIV

É fácil criticar um autor, mas é difícil apreciá-lo.

CCLXV

Não censuro o ilustre Racine, o mais sábio e elegante de todos os poetas, por não ter tratado de muitas coisas que teria tornado mais belas, contentando-se em mostrar em um único gênero a riqueza e o sublime de seu espírito. Mas sinto-me obrigado a respeitar um talento* ousado e fecundo, elevado, penetrante, fácil, incansável; tão engenhoso e agradável nas obras de puro entretenimento quanto verdadeiro e patético nas outras; de imaginação vasta, que abrangeu e penetrou rapidamente toda a economia das coisas humanas; a quem não puderam escapar as ciências abstratas, as artes, a política, os costumes dos povos, suas opiniões, sua história, nem mesmo sua linguagem; ilustre ao sair da infância pela grandeza e força de sua poesia fecunda em idéias, e logo em seguida pelo encanto e caráter original e tão sensato de sua prosa; filósofo e pintor sublime, que semeou com brilho em seus escritos tudo o que há de grande no espírito humano; que representou as paixões com seus traços de fogo e luz e enriqueceu o teatro com novos encantos; mestre, pela extrema vastidão de seu talento para imitar o caráter e captar o espírito das grandes obras de cada nação, mas nada imitando, em geral, sem embelezar; brilhante até nos erros que pensaram encontrar em seus escritos, de tal modo que, apesar das falhas e dos esforços da crítica,

---

* Trata-se, provavelmente, de Voltaire (1694-1778). (N.T.)

entreteve sem trégua em seus serões seus amigos e inimigos e, desde jovem, levou aos estrangeiros a fama de nossas letras, das quais ampliou todos os limites.

CCLXVI
Se considerarmos apenas determinadas obras dos melhores autores, seremos tentados a desprezá-los. Para apreciá-los com justiça, é preciso ler tudo.

CCLXVII
Não se deve julgar os homens por aquilo que ignoram, mas por aquilo que sabem, e pelo modo como o sabem.

CCLXVIII
Também não se deve pedir aos autores uma perfeição que não podem alcançar. Seria superestimar o espírito humano acreditar que obras irregulares não têm direito de agradá-lo, principalmente se essas obras retratam as paixões. Não é preciso uma grande arte para desarmar os espíritos mais elevados e esconder-lhes os defeitos de um quadro tocante e audacioso. Essa regularidade perfeita de que os autores carecem não se encontra em nossas próprias concepções. O caráter

natural do homem não contém tanta regra. Não devemos esperar do sentimento uma delicadeza que só alcançamos mediante a reflexão. Nosso gosto está longe de ser tão difícil de contentar como nosso espírito.

CCLXIX
É mais fácil maquiarmo-nos com uma infinidade de conhecimentos do que dominarmos bem só alguns poucos.

CCLXX
Até que se encontre o segredo de tornar as mentes mais justas, todos os passos que se possam dar dentro da verdade não irão impedir os homens de raciocinar erroneamente; e quanto mais se quiser fazer avançá-los além das noções comuns, mais se fará que corram o risco de errar.

CCLXXI
Nunca acontece de a literatura e o espírito de raciocínio se tornarem o patrimônio de toda uma nação sem que imediatamente se faça notar, na filosofia e nas belas-artes, o que se observa nos governos populares, nos quais não há puerilidade

ou fantasia que não apareçam e não encontrem seguidores.

CCLXXII

O erro, somado à verdade, não a torna maior. Admitir gêneros ruins não amplia a carreira das artes: estraga o gosto; corrompe o juízo dos homens, que se deixa facilmente seduzir pelas novidades e, misturando em seguida o falso e o verdadeiro, logo se afasta, em suas produções, da imitação da natureza, e em pouco tempo se empobrece pela vã ambição de imaginar e de se distanciar dos modelos antigos.

CCLXXIII

O que chamamos de idéia brilhante geralmente não passa de uma expressão capciosa que, com a ajuda de um pouco de verdade, nos impõe um erro que nos surpreende.

CCLXXIV

Dizer que quanto mais se tem, menos se tem é falso. O rei da Espanha, poderoso como é, nada pode em Luca. Os limites de nossos talentos são ainda mais inabaláveis que os dos impérios; e usurparíamos mais facilmente a terra inteira do que a menor virtude.

CCLXXV

Os grandes personagens, em sua maioria, foram os homens mais eloqüentes de seu século. Os autores dos mais belos sistemas, os chefes de partidos e seitas, aqueles que em todas as épocas tiveram maior ascendência sobre o espírito dos povos, deveram a melhor parte de seu sucesso apenas à natural e vivaz eloqüência de sua alma. Não parece que tenham cultivado a poesia com o mesmo sucesso. É que a poesia não permite a partilha, e uma arte tão sublime e difícil raramente consegue se aliar à dificuldade dos negócios e às ocupações tumultuosas da vida. Já a eloqüência imiscui-se em tudo e deve a maioria de seus encantos ao espírito de mediação e de manipulação de que homens de Estado, políticos etc. são dotados.

CCLXXVI

É um erro dos poderosos pensar que podem prodigalizar impunemente suas palavras e promessas. Os homens dificilmente suportam que lhes retirem aquilo de que, de certa forma, apossaram-se pela esperança. Não se deixam enganar muito tempo em seus interesses, e não há nada que odeiem mais do que ser ludibriados. É por essa razão que é tão raro a fraude ter êxito; é preciso sinceridade e retidão até para seduzir. Os que enganaram os povos no interesse geral eram fiéis aos particulares; sua habilidade consistia em cativar os espíritos com benefícios reais. Quem conhece bem os homens e quer fazer que sigam seus desígnios, não conta com um atrativo tão frívolo como o dos discursos e das promessas. Assim, os grandes oradores, se me permitem unir as duas coisas, não fazem esforço para impressionar por uma teia de bajulações e imposturas, pela contínua dissimulação e por uma linguagem simplesmente engenhosa: se procuram iludir sobre algum ponto principal, somente o fazem usando muita sinceridade e verdade nos detalhes, pois a mentira é fraca por si mesma e deve ser escondida com cuidado; e quando se consegue ser convincente com discursos inflamados, é preciso muito esforço. Seria incorreto concluir que nisso consiste a eloqüência. Julguemos, pelo contrário, por esse poder das simples aparências da verdade, o quanto a própria verdade é eloqüente e superior à nossa arte.

CCLXXVII

O mentiroso é um homem que não sabe enganar; o bajulador é o que geralmente só engana os tolos. Apenas quem sabe usar a verdade com destreza e conhece sua eloqüência pode se orgulhar de ser hábil.

CCLXXVIII

Será verdade que as qualidades dominantes excluem as outras? Quem tem mais imaginação do que Bossuet, Montaigne, Descartes, Pascal, todos eles grandes filósofos? Quem tem mais entendimento e sabedoria do que Racine, Boileau, La Fontaine, Molière, todos eles poetas geniais?

CCLXXIX

Descartes pode ter-se enganado em alguns de seus princípios e não ter-se enganado em suas conseqüências, a não ser raramente. Seria incorreto, me parece, concluir de seus erros que imaginação e inventividade não combinam com exatidão. A grande vaidade dos que não imaginam é pensar que só eles são judiciosos. Eles não consideram que os erros de Descartes, gênio criador, foram os mesmos de três ou quatro mil filósofos, todos eles gente sem imaginação. As mentes subordinadas não erram por conta própria porque são incapazes de criar, ainda que se enganando; mas sempre são arrastadas à sua revelia pelo erro alheio; e quando se enganam por si próprias, o que pode ocorrer seguidamente, o fazem em detalhes e conseqüências. Mas seus erros não são suficientemente verossímeis para ser contagiosos, nem suficientemente importantes para fazer barulho.

CCLXXX

Os que nasceram eloqüentes às vezes falam das coisas grandes com tanta clareza e brevidade que a maioria dos homens não supõe que estejam falando com profundidade. As mentes lerdas, os sofistas, não reconhecem a filosofia quando a eloqüência a torna popular e quando ousa retratar a verdade com linhas altivas e ousadas. Chamam de superficial e frívolo esse esplendor de expressão que traz em si a prova das grandes idéias. Querem definições, discussões, detalhes e argumentos. Se Locke tivesse ardentemente colocado em poucas páginas as sábias verdades de seus escritos, não teriam ousado incluí-lo entre os filósofos de seu século.

CCLXXXI

É uma pena que os homens geralmente não saibam possuir algum talento sem ter certa vontade de rebaixar os outros. Quando possuem requinte, depreciam a força; quando são geômetras ou físicos, escrevem contra a poesia e a eloqüência. E as pessoas da sociedade, que não pensam que os que se sobressaem em algum gênero julgam mal algum outro talento, deixam-se influenciar por suas decisões. Assim, quando a metafísica ou a álgebra estão na moda, são os metafísicos e os algebristas que fazem a reputação dos poetas e dos músicos, ou bem ao contrário: o espírito dominante submete os outros a seu tribunal, e na maior parte do tempo, a seus erros.

CCLXXXII

Quem pode se gabar de julgar, criar ou compreender a qualquer hora do dia? Os homens só dispõem de uma pequena porção de espírito, gosto, talento, virtude, alegria, saúde, força etc.; e esse pouco que lhes cabe, não o possuem segundo sua vontade, nem na necessidade, nem em todas as idades.

CCLXXXIII

É uma máxima criada pela inveja e por demais levianamente adotada pelos filósofos, a de que *não se deve elogiar os homens antes de sua morte*. Eu digo, pelo contrário, que é em vida que se deve elogiá-los, quando o merecem. É quando a inveja e a calúnia, atiçadas contra sua virtude ou talentos, se esforçam por degradá-los, que é preciso ousar testemunhar em seu favor. São as críticas injustas que se deve hesitar em fazer, e não os elogios sinceros.

CCLXXXIV

A inveja não sabe se esconder. Acusa e julga sem provas; aumenta os defeitos; dá enormes qualificativos às mínimas falhas; sua linguagem é repleta de fel, exagero e injúria. Ataca furiosa e obstinadamente o mérito fulgurante. É cega, violenta, insensata, brutal.

CCLXXXV

É preciso provocar nos homens o sentimento de sua prudência e força, se quisermos elevar seu entendimento. Aqueles que, por seus discursos e escritos, só se dedicam a destacar o ridículo e a fraqueza da humanidade, sem distinção nem cuidado, esclareçam bem menos a razão e o juízo do público do que distorcem suas tendências.

CCLXXXVI

Não admiro o sofista que protesta contra a glória e o espírito dos grandes homens. Ao abrir meus olhos para os pontos fracos dos mais belos gênios, ele próprio me ensina a apreciá-lo pelo que vale. É o primeiro que risco do quadro dos homens ilustres.

CCLXXXVII

Cometemos um grande erro ao pensar que um defeito, qualquer que seja, possa excluir toda virtude, ou considerar a aliança entre o bem e o mal um monstro ou um enigma. É por falta de perspicácia que conciliamos tão poucas coisas.

CCLXXXVIII

Os falsos filósofos esforçam-se em chamar a atenção dos homens, notando em nosso espírito contrariedades e dificuldades que eles mesmos criam, como outros divertem as crianças com truques de baralho que confundem seu entendimento, mesmo que naturais e sem mágica. Aqueles que enredam assim as coisas para obter o mérito de desenredá-las são charlatães da moral.

CCLXXXIX
Não existe contradição na natureza.

CCXC
Será contrário à razão ou à justiça amar a si mesmo? E por que desejamos que o amor-próprio tenha de ser sempre um vício?

CCXCI
Se existe um amor por nós mesmos naturalmente solícito e compassivo, e outro amor-próprio sem humanidade, sem eqüidade, sem limites, sem razão, será preciso confundi-los?

CCXCII
E se fosse verdade que os homens só são virtuosos graças à razão, qual seria o problema? E por que, se nos elogiam com justiça por nossos sentimentos, não elogiariam também por nossa razão? Será a razão menos nossa que a vontade?

CCXCIII
Supõe-se que aqueles que servem à virtude graças à reflexão, a trairiam pelo vício útil. Sim, se o vício pudesse ser útil aos olhos de um espírito sensato.

CCXCIV
Há sementes de bondade e justiça no coração dos homens quando nele impera o interesse próprio. Atrevo-me a dizer que isso não só é conforme à natureza, mas também à justiça, desde que ninguém sofra por causa desse amor-próprio ou que com ele a sociedade perca menos do que ganha.

CCXCV
Quem busca a glória pela virtude só está pedindo o que merece.

CCXCVI
Sempre achei ridículo os filósofos terem criado uma virtude incompatível com a natureza do homem; e depois de a terem assim simulado, declararem friamente que não existe virtude. Que falem do fantasma de sua imaginação; podem abandoná-lo ou destruí-lo a bel-prazer, já que o criaram; mas a verdadeira virtude, a que eles não querem chamar por esse

nome por não estar conforme às suas definições, a que é obra da natureza, não deles, e consiste sobretudo na bondade e vigor da alma, essa não depende de sua fantasia e sobreviverá eternamente com traços indeléveis.

CCXCVII
O corpo tem seus encantos, o espírito, seus talentos. O coração somente teria vícios? E o homem, capaz de razão, seria incapaz de virtude?

CCXCVIII
Somos capazes de amizade, justiça, humanidade, compaixão e razão. Oh, meus amigos! O que é então a virtude?

CCXCIX
Se o ilustre autor* das *Máximas* tivesse sido tal como procurou retratar todos os homens, mereceria ele nossas homenagens e o culto idólatra de seus prosélitos?

---

* La Rochefoucauld (1613-1680). (N.T.)

CCC

O que faz que a maioria dos livros de moral seja tão insípida e seus autores não sejam sinceros é que, débeis ecos uns dos outros, não ousariam expor suas próprias máximas e seus sentimentos íntimos. Assim, não só na moral, mas em qualquer assunto, quase todos os homens passam a vida dizendo e escrevendo o que não pensam; e aqueles que ainda conservam algum amor pela verdade provocam contra si a raiva e a rejeição do público.

CCCI

Não há espírito capaz de abarcar a um só tempo todas as facetas de um mesmo assunto: e aí está, me parece, a fonte mais comum dos erros dos homens. Enquanto a maior parte de uma nação padece na pobreza, no opróbrio e no trabalho, a outra, plena de honrarias, confortos, prazeres, não se cansa de admirar o poder da política, que faz florescer as artes e o comércio e torna os Estados temíveis.

CCCII

As maiores obras do espírito humano são, com toda a certeza, as menos perfeitas. As leis, que são a mais bela criação da razão, não conseguiram assegurar a tranqüilidade dos povos sem reduzir sua liberdade.

CCCIII

A que ponto chegam, às vezes, a fraqueza e a inconseqüência dos homens! Surpreendemo-nos com a grosseria de nossos antepassados, que no entanto ainda impera entre o povo, a maior parcela da nação; e, ao mesmo tempo, desprezamos as belas-letras e a cultura do espírito, a única vantagem que nos distingue do povo e de nossos ancestrais.

CCCIV

No coração dos poderosos, o prazer e a ostentação prevalecem sobre o interesse. Nossas paixões, em geral, ajustam-se às nossas necessidades.

CCCV

O povo e os poderosos não têm as mesmas virtudes, nem os mesmos vícios.

CCCVI

Cabe a nosso coração estabelecer a ordem dos nossos interesses, e à nossa razão, conduzi-los.

CCCVII

A mediocridade de espírito e a preguiça produzem mais filósofos do que a reflexão.

CCCVIII

Ninguém é ambicioso pela razão, nem vicioso por defeito do espírito.

CCCIX

Em se tratando de seus interesses, todos os homens são clarividentes, e dificilmente a astúcia consegue desviá-los. A superioridade da casa real austríaca foi admirada nas negociações, mas durante a vigência do imenso poder daquela família, não depois. Os tratados mais elaborados não passam da lei do mais forte.

CCCX

O comércio é a escola da trapaça.

CCCXI

Vendo como se comportam os homens, às vezes poderíamos pensar que a vida humana e as coisas do mundo são um jogo sério, no qual é permitido qualquer artifício para usurpar o bem alheio por nossa conta e risco e no qual o felizardo despoja, com toda a legitimidade, o mais azarado ou o menos hábil.

CCCXII
É um grande espetáculo observar os homens pensando, no íntimo, em prejudicar-se uns aos outros e, no entanto, forçados a se ajudar, contra suas inclinações ou intenções.

CCCXIII
Não temos nem a força nem as oportunidades para executar todo o bem e todo o mal que planejamos.

CCCXIV
Nossas ações não são nem tão boas, nem tão viciosas quanto nossa vontade.

CCCXV
Assim que podemos fazer o bem, temos condições de ludibriar os outros. Um só homem diverte, então, vários outros, todos ocupados apenas em enganá-lo. Desse modo, custa pouco às pessoas de posição surpreender seus inferiores; mas não é fá-

cil para os miseráveis impressionar quem quer que seja. Aquele que precisa dos outros desperta sua desconfiança; um homem inútil tem grande dificuldade em enganar alguém.

CCCXVI

Nossa indiferença pela verdade na moral vem do fato de estarmos determinados a seguir nossas paixões a qualquer preço, e é isso que faz que não hesitemos quando é preciso agir, apesar da incerteza de nossas opiniões. Pouco me importa, dizem os homens, saber onde está a verdade, sabendo onde está o prazer.

CCCXVII

Os homens desconfiam menos dos costumes e da tradição de seus antepassados do que de sua própria razão.

CCCXVIII

A força ou a fraqueza de nossa crença dependem mais de nossa coragem do que de nossas luzes. Todos os que zombam dos presságios nem sempre têm mais espírito do que os que neles acreditam.

CCCXIX
É fácil enganar os mais espertos sugerindo-lhes coisas que ultrapassem seu entendimento e interessem seu coração.

CCCXX
Não há nada de que o medo ou a esperança não convençam os homens.

CCCXXI
Quem irá surpreender-se com os erros da Antiguidade ao considerar que ainda hoje, no mais filosófico de todos os séculos, muitas pessoas de muito espírito não ousariam sentar-se a uma mesa com treze talheres?

CCCXXII
A intrepidez de um homem incrédulo, mas moribundo, não consegue livrá-lo de nenhuma perturbação se ele raciocinar assim: enganei-me mil vezes em meus interesses mais palpáveis, e posso ter-me enganado também sobre a religião. Ora, não tenho mais tempo nem força para aprofundá-la, e estou morrendo...

CCCXXIII
A fé é o consolo dos infelizes e o terror dos afortunados.

CCCXXIV
A curta duração da vida não consegue nos afastar de seus prazeres nem nos consolar pelos seus sofrimentos.

CCCXXV
Os que combatem os preconceitos do povo julgam não serem povo. Em Roma, um homem que tivesse feito um discurso contra os gansos sagrados talvez se considerasse um filósofo.

CCCXXVI
Quando expomos sem parcialidade as razões de facções opostas, e não nos ligamos a nenhuma delas, parece que, de certa forma, nos elevamos acima de todos os partidos. Peçam, contudo, a esses filósofos neutros que escolham uma opinião, ou que definam alguma coisa por si próprios; vereis que não ficam menos embaraçados que todos os outros... O mundo está repleto de espíritos frios que, não tendo capacidade própria para criar, consolam-se re-

jeitando todas as criações alheias e, desprezando muitas coisas superficialmente, pensam que se fazem estimar.

CCCXXVII

Quem são os que afirmam que o mundo se tornou vicioso? Acredito neles sem dificuldade. A ambição, a glória, o amor, em uma palavra todas as paixões dos primórdios já não causam as mesmas confusões ou o mesmo estardalhaço. Talvez não seja por serem hoje essas paixões menos vivas do que antigamente; é por serem renegadas e combatidas. Digo, então, que o mundo é como um ancião que conserva todos os desejos da juventude, mas que se envergonha e se esconde deles, seja porque se desiludiu com o mérito de muitas coisas, seja porque quer dar essa impressão.

CCCXXVIII

Os homens dissimulam, por fraqueza e por medo de serem desprezados, suas mais caras, mais constantes e, às vezes, suas mais virtuosas inclinações.

CCCXXIX

A arte de agradar é a arte de enganar.

CCCXXX

Somos demasiado desatentos, ou ocupados demais com nós mesmos para nos aprofundarmos reciprocamente. Quem já viu mascarados dançando amigavelmente em um baile e dando-se as mãos sem se conhecer para se separarem no instante seguinte e não mais se verem ou sentirem falta do outro, pode ter uma idéia do mundo.

CCCXXXI

Os primeiros escritores trabalhavam sem modelo e nada extraíam a não ser de si mesmos, o que faz que sejam desiguais e cheios de trechos fracos, com um gênio absolutamente divino. Os que tiveram êxito depois deles colheram em suas invenções e, assim, são mais elevados; ninguém encontra tudo em seu próprio cabedal.

CCCXXXII

Quem quiser pensar por si mesmo e formar nobres idéias que tome, se puder, a maneira e a forma elevada dos mestres. Todas as riquezas da expressão pertencem, de direito, aos que sabem colocá-las em seu devido lugar.

CCCXXXIII

Também não se deve ter medo de repetir uma verdade antiga quando se pode torná-la mais sensível por uma forma melhor, ou uni-la a outra verdade que a esclareça, e formar um conjunto inteligível. É próprio dos criadores apreender a relação entre as coisas e saber reuni-las; e as descobertas antigas pertencem menos a seus primeiros autores do que aos que as tornam úteis.

CCCXXXIV

Considera-se ridículo, em um homem da alta sociedade, o talento e o gosto de escrever. Pergunto às pessoas sensatas: que fazem os que não escrevem?

CCCXXXV

Dois estudos são importantes: a eloqüência e a verdade; a verdade para dar um sólido fundamento à eloqüência e dispor corretamente nossa vida; a eloqüência para dirigir a conduta dos outros homens e defender a verdade.

CCCXXXVI

Para uma mulher é má escolha ser galante. É raro que aquelas que o são acendam grandes paixões; e não por serem volúveis, como geralmente se pensa, mas porque ninguém quer ser enganado. A virtude faz-nos desprezar a falsidade e o amor-próprio nos faz odiá-la.

CCCXXXVII
A paixão dos homens será força ou insuficiência e fraqueza? Estar isento de paixões é grandeza ou mediocridade de gênio? Ou tudo é uma mistura de fraqueza e força, de grandeza e pequenez?

CCCXXXVIII
O que é mais necessário para manter uma sociedade de homens fracos e unidos por suas fraquezas, a doçura ou a austeridade? É preciso usar ambas. Que a lei seja severa e os homens, indulgentes.

CCCXXXIX
A severidade nas leis é humanidade para os povos; nos homens ela é a marca de um gênio acanhado e cruel. Apenas a necessidade pode torná-la inocente.

CCCXL
O projeto de aproximar as condições sempre foi um belo sonho: a lei não poderia igualar os homens apesar da natureza.

CCCXLI
Se a única dominação legítima fosse aquela exercida com justiça, nada deveríamos aos maus reis.

CCCXLII
Contai raramente com a estima e a confiança de um homem que se introduz em todos os vossos interesses, se ele não vos fala também de seus próprios.

CCCXLIII
Odiamos os hipócritas que declaram desprezar tudo o que nos interessa, e eles mesmos freqüentemente se interessam por coisas ainda mais desprezíveis.

CCCXLIV
É pela convicção manifesta de nossa incapacidade que o acaso dispõe tão universal e absolutamente de tudo. Nada há de mais raro no mundo do que os grandes talentos e o mérito das funções: a fortuna é mais parcial do que injusta.

CCCXLV
Os que possuem ofícios infames, como os ladrões e as mulheres perdidas, glorificam-se por seus crimes e olham as pessoas de bem como tolas. No fundo

do coração, a maioria dos homens despreza a virtude; poucos, a glória.

CCCXLVI
Todo orgulho fingido é pueril. Se é baseado em títulos hipotéticos, é ridículo; e se tais títulos são frívolos, é inferior: o caráter do verdadeiro orgulho é o de manter-se sempre em seu lugar.

CCCXLVII
Não esperamos que um doente tenha a alegria da saúde e a mesma força corporal; se conserva mesmo até o final sua razão, nos espantamos; e se mostra alguma firmeza, dizemos que há simulação nessa morte: de tal forma isso é raro e difícil. Todavia, se acontece que outro homem desminta, ao morrer, a firmeza ou os princípios que professou durante a vida; se no mais fraco estado possível mostra algum tipo de fraqueza... ó malícia cega do espírito humano. Não há contradições mais manifestas que a inveja não reúna para prejudicar.

CCCXLVIII
Não se é chamado à direção dos grandes negócios, nem às ciências, nem às belas-artes, nem à virtude,

quando não se ama essas coisas em si mesmas, independentemente da consideração que elas atraem. Dessa maneira seriam cultivadas inutilmente: nem o espírito, nem a vaidade podem trazer o gênio.

CCCXLIX
As mulheres não podem compreender que existam homens desinteressados em relação a elas.

CCCL
Um homem que vive em sociedade não é livre para não ser galante.

CCCLI
Sejam quais forem, em geral, as vantagens da juventude, um jovem só é bem-vindo junto às mulheres quando elas dele tiverem feito um fátuo.

CCCLII
É engraçado que se tenha feito uma lei de pudor para as mulheres, as quais somente estimam nos homens o atrevimento.

CCCLIII
Não se elogia uma mulher ou um autor medíocre como eles mesmos se elogiam.

CCCLIV

Uma mulher que julga vestir-se bem não desconfia, diz um autor, que sua vestimenta se tornará um dia tão ridícula quanto o toucado de Catarina de Médici. Todas as modas, e mesmo o bom-tom, que nos precedem envelhecerão, talvez, antes de nós.

CCCLV

Há poucas coisas que sabemos bem.

CCCLVI

Se não se escreve porque não se pensa é inútil pensar para escrever.

CCCLVII

Tudo o que tivermos pensado somente em relação aos outros geralmente é pouco natural.

CCCLVIII

A clareza é a boa-fé dos filósofos.

CCCLIX

A limpidez é o verniz dos mestres.

CCCLX
A limpidez evita a extensão e serve de prova para as idéias.

CCCLXI
A marca de uma expressão apropriada é que, mesmo nos equívocos, só podemos dar-lhe um sentido.

CCCLXII
Parece que a razão, que se comunica facilmente e se aperfeiçoa algumas vezes, deveria perder tanto mais rapidamente seu lustro e o mérito da novidade: todavia, as obras dos grandes homens, copiadas com tanto cuidado por outras mãos, conservam, apesar do tempo, um caráter sempre original: pois não cabe aos homens conceber e expressar com tanta perfeição as coisas que conhecem melhor. É essa maneira de conceber tão viva e tão perfeita que distingue em todos os gêneros o gênero, e faz que as idéias mais simples e mais conhecidas não envelheçam.

CCCLXIII
Os grandes filósofos são os gênios da razão.

CCCLXIV

Para saber se um pensamento é novo basta expressá-lo com muita simplicidade.

CCCLXV

Há poucos pensamentos sinônimos, mas muitos aproximativos.

CCCLXVI

Quando um espírito correto não percebe que um pensamento pode ser útil, há grande possibilidade de que seja falso.

CCCLXVII

Recebemos grandes louvores antes de merecer os razoáveis.

CCCLXVIII

As luzes da aurora não são tão doces quanto os primeiros olhares da glória.

CCCLXIX

As reputações mal adquiridas transformam-se em desprezo.

CCCLXX
A esperança é o mais útil ou o mais pernicioso dos bens.

CCCLXXI
A adversidade faz muitos culpados e imprudentes.

CCCLXXII
A razão é quase impotente para os fracos.

CCCLXXIII
A coragem é a luz da adversidade.

CCCLXXIV
O erro é a noite dos espíritos e a cilada da inocência.

CCCLXXV
Os semifilósofos só louvam o erro para obsequiar a verdade.

CCCLXXVI
É uma grande insolência querer fazer acreditar que não temos erros suficientes para sermos felizes.

CCCLXXVII
Aquele que desejasse seriamente ter ilusões as teria além de seus desejos.

CCCLXXVIII
Os corpos políticos possuem defeitos inevitáveis como as diferentes idades da vida humana. Quem pode garantir a velhice contra as enfermidades, exceto a morte?

CCCLXXIX
A sabedoria é o tirano dos fracos.

CCCLXXX
Os olhares afáveis ornam o rosto dos reis.

CCCLXXXI
A licença estende todas as virtudes e todos os vícios.

CCCLXXXII
A paz torna os povos mais felizes e os homens mais fracos.

CCCLXXXIII
O primeiro suspiro da infância é para a liberdade.

CCCLXXXIV
A liberdade é incompatível com a fraqueza.

CCCLXXXV
A indolência é o sono dos espíritos.

CCCLXXXVI
As paixões mais vivas são aquelas cujo objeto está mais próximo, como no jogo e no amor.

CCCLXXXVII
Quando a beleza reina sobre os olhos, é possível que ela ainda reine alhures.

CCCLXXXVIII
Todos os súditos da beleza não conhecem sua soberana.

CCCLXXXIX
Se as fraquezas do amor são perdoáveis, é sobretudo nas mulheres que reinam por meio dele.

CCCXC
Nossa intemperança louva os prazeres.

CCCXCI
A constância é a quimera do amor.

CCCXCII
Homens simples e virtuosos misturam delicadeza e probidade até mesmo em seus prazeres.

CCCXCIII
Aqueles que não estão mais em condições de agradar às mulheres corrigem-se.

CCCXCIV
Os primeiros dias da primavera têm menos graça do que a virtude nascente de um jovem.

CCCXCV
A utilidade da virtude é tão evidente que os maus a praticam por interesse.

CCCXCVI
Nada é tão útil quanto a reputação e nada confere maior certeza a uma reputação do que o mérito.

CCCXCVII
A glória é a prova da virtude.

CCCXCVIII
A economia exagerada faz mais iludidos do que a profusão.

CCCXCIX
A profusão avilta os que ela não ilustra.

CD
Se um homem onerado e sem filhos consegue algumas rendas vitalícias e desse modo goza as vantagens da vida, dizemos que é um louco que devorou seus bens.

CDI
Os tolos surpreendem-se que um homem de talento não seja um animal ligado a seus próprios interesses.

CDII
A liberalidade e o amor das letras não arruínam ninguém; mas os escravos da fortuna julgam sempre a virtude por demais mercantilizada.

CDIII
Não damos importância a uma medalha quando não gostamos de antigüidades; da mesma forma, os

que não se interessam pelo mérito quase não dão apreço aos maiores talentos.

CDIV
A grande vantagem dos talentos evidencia-se no fato de a fortuna sem mérito ser praticamente inútil.

CDV
Geralmente tentamos nossa fortuna por meio dos talentos que não temos.

CDVI
É preferível infringir a própria qualidade do que o próprio gênio. Seria loucura conservar uma condição média ao preço de uma grande fortuna e glória.

CDVII
Não há vício que não seja nocivo quando desprovido de espírito.

CDVIII
Investiguei se não havia um meio de fazer fortuna sem mérito, e não encontrei nenhum.

CDIX
Quanto menos se deseja merecer sua fortuna, mais trabalho é preciso para fazê-la.

CDX
Os pedantes têm seu lugar em um agradável grupo social, mas o último.

CDXI
Os tolos usam os homens brilhantes como os homens pequenos usam saltos altos.

CDXII
Há homens sobre os quais é preferível calar a elogiá-los de acordo com seu mérito.

CDXIII
Não se deve tentar contentar os invejosos.

CDXIV
A avareza não é saciada pelas riquezas, nem a intemperança pela volúpia, nem a preguiça pela ociosidade, nem a ambição pela fortuna; mas, se nem a própria virtude nem a glória nos fazem felizes, o que chamamos felicidade valerá nossas mágoas?

CDXV
Há maior fraqueza do que razão em ser humilhado pelo que nos falta e isso é a fonte de toda fraqueza.

CDXVI
O desprezo por nossa natureza é um erro de nossa razão.

CDXVII
Um pouco de café após as refeições faz que nos sintamos estimados. Também, às vezes, basta um pequeno gracejo para abater uma grande presunção.

CDXVIII
Obrigamos os jovens a usar seus bens como se fosse certo que eles irão envelhecer.

CDXIX
À medida que a idade multiplica as necessidades da natureza, ela preserva as da imaginação.

CDXX
Todo mundo se apossa do doente, padres, médicos, empregados, estranhos, amigos; até mesmo sua enfermeira julga-se no direito de governá-lo.

CDXXI
Quando nos tornamos velhos devemos nos proteger.

CDXXII
A avareza anuncia o declínio da idade e a fuga precipitada dos prazeres.

CDXXIII
A avareza é a última e a mais absoluta de nossas paixões.

CDXXIV
Ninguém pode aspirar melhor aos grandes cargos do que aqueles que possuem os talentos para tal.

CDXXV
Os maiores ministros foram aqueles que a sorte colocou mais longe do ministério.

CDXXVI
A ciência dos projetos consiste em antecipar-se às dificuldades da execução.

CDXXVII
A timidez na execução faz malograr os empreendimentos temerários.

CDXXVIII
O maior de todos os projetos é tomar uma decisão.

CDXXIX
Promete-se muito para poder dar pouco.

CDXXX
O interesse e a preguiça aniquilam as promessas às vezes sinceras da vaidade.

CDXXXI
É preciso não temer demasiadamente ser enganado.

CDXXXII
Algumas vezes, a paciência obtém dos homens o que eles nunca tiveram a intenção de conceder. A oportunidade pode até obrigar os mais enganadores a fazer falsas promessas.

CDXXXIII
Os dons interessados são importunos.

CDXXXIV
Se fosse possível dar sem perder, ainda haveria homens inacessíveis.

CDXXXV
O ímpio empedernido disse a Deus: por que fizeste miseráveis?

CDXXXVI
Os avarentos geralmente não se vangloriam de muitas coisas.

CDXXXVII
A loucura dos que só pensam em seus objetivos é se julgarem hábeis.

CDXXXVIII
A zombaria é a prova do amor-próprio.

CDXXXIX
A alegria é a mãe dos ritos espirituosos.

CDXL
As sentenças são os repentes dos filósofos.

CDXLI
Os homens que pensam são obstinados.

CDXLII
Nossas idéias são mais imperfeitas do que a língua.

CDXLIII
A língua e o espírito têm seus limites. A verdade é inesgotável.

CDXLIV
A natureza deu aos homens talentos diversos. Uns nascem para inventar e outros para embelezar; mas o dourador atrai mais os olhares do que o arquiteto.

CDXLV
Um pouco de bom senso faria evaporar muito espírito.

CDXLVI
O caráter do espírito falso é o de somente se apresentar às expensas da razão.

CDXLVII
Quanto mais espírito tivermos, menos argumentadores imprecisos seremos.

CDXLVIII
O espírito precisa estar ocupado; e pensar pouco é uma razão para falar muito.

CDXLIX
Quando não se sabe entreter e divertir a si mesmo, deseja-se entreter e divertir os outros.

CDL
Encontrareis pouquíssimos preguiçosos não incomodados pela ociosidade; e, se entrardes em um café, vereis que estão jogando damas.

CDLI
Os preguiçosos sempre têm vontade de fazer alguma coisa.

CDLII
A razão não deve regulamentar, mas substituir a virtude.

CDLIII
Julgamos a vida de um modo demasiadamente desinteressado quando somos forçados a deixá-la.

CDLIV
Sócrates sabia menos do que Bayle; há poucas ciências úteis.

CDLV
Ajudemo-nos com os maus motivos para nos fortificarmos nos bons desígnios.

CDLVI
Os conselhos fáceis de praticar são os mais úteis.

CDLVII
Aconselhar é dar aos homens motivos para agir que ignoram.

CDLVIII
É injusto exigir que os outros façam por nós o que não querem fazer para si mesmos.

CDLIX
Desconfiamos do comportamento dos melhores espíritos e não desconfiamos de nossos conselhos.

CDLX
Há maior severidade do que justiça.

CDLXI
A liberalidade do indigente é chamada prodigalidade.

CDLXII
Não somos sempre tão injustos com nossos inimigos quanto com nossos próximos.

CDLXIII
Pode-se pensar mal de um homem e ser-lhe totalmente amigo; pois não somos tão delicados que somente possamos amar a perfeição e há muitos vícios que nos agradam, mesmo nos outros.

CDLXIV
O ódio dos fracos não é tão perigoso quanto sua amizade.

CDLXV
Na amizade, no casamento, no amor e em qualquer outra relação, queremos ganhar; e como a relação com os amigos, com os amantes, com os parentes, com os irmãos etc. é maior do que qualquer outra, não nos devemos surpreender de nela encontrar maior ingratidão e injustiça.

CDLXVI
O ódio não é menos volúvel do que a amizade.

CDLXVII
A piedade é menos terna do que o amor.

CDLXVIII
As coisas que sabemos melhor são as que não foram apreendidas.

CDLXIX
Em lugar das coisas extraordinárias, gostamos que nos proponham crer nas que parecem sê-lo.

CDLXX
O espírito desenvolve a simplicidade do sentimento para se atribuir sua honra.

CDLXXI
Viramos uma idéia como uma casaca para dela nos servirmos várias vezes.

CDLXXII
Sentimo-nos lisonjeados quando nos propõem como mistério o que pensamos naturalmente.

CDLXXIII

O que nos faz apreciar medianamente os filósofos é que eles não nos falam suficientemente das coisas que sabemos.

CDLXXIV

A preguiça e o temor de comprometer-se introduziram a honestidade na discussão.

CDLXXV

Os grandes cargos dispensam às vezes menores talentos.

CDLXXVI

Seja qual for o mérito que possa haver em desprezar os grandes cargos, talvez haja ainda um maior em preenchê-los bem.

CDLXXVII

Se os grandes pensamentos nos enganam, eles nos divertem.

CDLXXVIII

Não há fazedor de estrofes que não se prefira a Bossuet, simples autor de prosa; e, na ordem da natureza, ninguém deve pensar tão pouco corretamente quanto um gênio fracassado.

CDLXXIX

Um versificador não conhece nenhum juiz competente de seus escritos; se alguém não faz versos, não entende do assunto; se os faz, é seu rival.

CDLXXX

O mesmo julga falar a língua dos deuses quando não fala a dos homens. É como um mau comediante que não pode declamar como fala.

CDLXXXI

Outro defeito da má poesia é o de alongar a prosa, assim como o caráter da boa é o de abreviá-la.

CDLXXXII

Não há ninguém que não pense de uma obra em prosa: se me desse ao trabalho, eu faria melhor. Eu diria a muitas pessoas: refleti sobre uma idéia digna de ser escrita.

CDLXXXIII

Tudo o que consideramos um defeito, em moral, não o é.

CDLXXXIV

Reparamos poucos vícios para admitirmos poucas virtudes.

CDLXXXV

O espírito é limitado até mesmo no erro, que consideramos seu domínio.

CDLXXXVI

O interesse por uma única paixão, freqüentemente infeliz, às vezes mantém todas as outras no cativeiro; e a razão carrega suas correntes sem poder rompê-las.

CDLXXXVII

Há fraquezas, se ousarmos dizê-lo, inseparáveis de nossa natureza.

CDLXXXVIII

Se amamos a vida, tememos a morte.

CDLXXXIX

A glória e a estupidez escondem a morte sem triunfar dela.

CDXC
O limite da coragem é a intrepidez no perigo.

CDXCI
A nobreza é um monumento da virtude, imortal como a glória.

CDXCII
Quando chamamos as reflexões, elas nos fogem; e quando queremos expulsá-las, elas nos obsedam e mantêm, apesar dos nossos olhos abertos durante a noite.

CDXCIII
Demasiada dissipação e demasiado estudo esgotam igualmente o espírito e nos deixam secos; os rasgos ousados, de qualquer espécie, não se oferecem a um espírito tenso e cansado.

CDXCIV
Assim como há espíritos volúveis dominados sucessivamente por todas as paixões, vemos espíritos vivos e sem estabilidade, arrastados alternadamente por todas as opiniões ou partilhando os contrários, sem ousar decidir.

CDXCV

Os heróis de Corneille expõem máximas faustosas e falam magnificamente de si mesmos, e essa ênfase de suas falas passa por virtude entre os que não possuem normas no coração para distinguir a grandeza de alma da ostentação.

CDXCVI

O espírito não faz conhecer a virtude.

CDXCVII

Não há homem que tenha espírito suficiente para nunca se sentir entediado.

CDXCVIII

A mais encantadora das conversações cansa os ouvidos de um homem ocupado por alguma paixão.

CDXCIX

As paixões às vezes nos separam da sociedade e tornam todo o espírito existente no mundo tão inútil quanto nos tornamos nós mesmos aos prazeres alheios.

D

O mundo está cheio desses homens que impõem respeito aos outros por sua reputação e sua fortuna;

se permitem que nos aproximemos demais, passamos repentinamente, em relação a eles, da curiosidade ao desprezo, assim como nos curamos, às vezes em um instante, de uma mulher que havíamos procurado com ardor.

DI
Estamos ainda muito longe de agradar quando temos apenas espírito.

DII
O espírito não nos defende das tolices de nosso humor.

DIII
O desespero é o maior de nossos erros.

DIV
A necessidade de morrer é a mais amarga de nossas aflições.

DV
Se a vida não tivesse fim, quem se desesperaria com sua própria sorte? A morte complementa a adversidade.

DVI
Como os melhores conselhos são pouco úteis se nossas próprias experiências nos instruem tão raramente!

DVII
Os conselhos que julgamos mais sábios são os menos adequados a nosso estado.

DVIII
Temos regras para o teatro que talvez ultrapassem as forças do espírito humano.

DIX
Quando uma peça é feita para ser representada, é injusto julgá-la apenas pela leitura.

DX
É por falta de perspicácia que conciliamos tão poucas coisas.

DXI
Um pouco de cultura e muita memória, com alguma ousadia nas opiniões e contra os preconceitos fazem que o espírito pareça vasto.

DXII

Não se deve ridicularizar as opiniões respeitadas; pois dessa maneira ferimos seus partidários sem confundi-los.

DXIII

A brincadeira mais bem fundamentada não persuade, de tal forma estamos acostumados a vê-la apoiada em falsos princípios.

DXIV

A incredulidade tem seus entusiastas assim como a superstição: e como vemos devotos que recusam a Cromwell até mesmo o bom senso, encontramos outros homens que chamam a Pascal e Bossuet pequenos espíritos.

DXV

O mais sábio e o mais corajoso de todos os homens, o senhor de Turenne, respeitou a religião; e uma infinidade de homens obscuros colocam-se ao nível dos gênios e das almas fortes somente porque a desprezam.

DXVI

Assim, vangloriamo-nos de nossas fraquezas e de nossos erros. A razão faz filósofos e a glória faz heróis; só a virtude faz sábios.

DXVII

Se tivermos escrito alguma coisa para nossa instrução ou para alívio de nosso coração, há muitas possibilidades de que nossas reflexões sejam úteis também a muitas outras pessoas: pois ninguém está só em sua espécie; e nunca somos tão verdadeiros nem tão vivos, nem tão patéticos do que quando tratamos as coisas pessoalmente.

DXVIII

Quando nossa alma está repleta de sentimentos, nossas palavras estão repletas de interesse.

DXIX

O falso apresentado com arte nos surpreende e nos deslumbra; mas a verdade nos persuade e nos domina.

DXX

Não se pode contrafazer o gênio.

DXXI
Quando as reflexões se multiplicam, os erros e os conhecimentos aumentam na mesma proporção.

DXXII
Os que vierem depois de nós talvez saberão mais do que nós e julgarão ter mais espírito, mas serão mais felizes ou mais sábios? Nós mesmos, que sabemos muito, seremos melhores do que nossos antepassados, que sabiam tão pouco?

DXXIII
Não temos suficiente amor-próprio para desdenhar o desprezo alheio.

DXXIV
Ninguém nos censura tão severamente quanto muitas vezes nos condenamos a nós mesmos.

DXXV
O amor não é tão delicado quanto o amor-próprio.

DXXVI
Fixamo-nos geralmente em nossos bons e maus êxitos; e nos acusamos ou nos elogiamos pelos caprichos da sorte.

DXXVII
Ninguém pode gabar-se de nunca ter sido desprezado.

DXXVIII
Muito falta para que todas as nossas habilidades e todos os nossos erros produzam seus efeitos: assim poucas são as coisas que dependem de nosso comportamento.

DXXIX
Quantas virtudes e vícios são sem conseqüências!

DXXX
Não nos sentimos contentes por sermos capazes se ninguém sabe que o somos; e, para não perder o mérito, às vezes perdemos o fruto.

DXXXI
As pessoas vãs não podem ser capazes, pois não têm a força de se calarem.

DXXXI
Freqüentemente, há grande vantagem para um negociador, se ele puder fazer crer que não segue os

interesses de seu patrão e é aconselhado pela paixão; evita assim que o compreendam e reduz os que desejam encerrar os trâmites a abrandar suas pretensões. Os mais hábeis julgam-se às vezes obrigados a ceder a um homem que resiste, ele mesmo, à razão e escapa a seus poderes.

DXXXII
Todo o fruto que se pôde extrair por colocar alguns homens nos altos cargos reduziu-se a saber que eram capazes.

DXXXIII
Não é tão necessário saber para ser capaz quanto parecer sê-lo.

DXXXIV
Nada é mais fácil aos homens altamente colocados do que apropriar-se do saber alheio.

DXXXV
Talvez seja mais útil, nos altos cargos, saber e querer servir-se de pessoas instruídas do que sê-lo pessoalmente.

DXXXVI
Aquele que tem um grande julgamento sabe muito.

DXXXVII
Por mais amor que se tenha pelos grandes negócios, há poucas leituras tão enfadonhas e cansativas quanto a de um tratado entre príncipes.

DXXXVIII
A essência da paz é ser eterna, embora não vejamos nenhuma que dure a idade de um homem e dificilmente haverá um reino em que ela não tenha sido renovada várias vezes. Mas devemos nos surpreender se aqueles que precisaram de leis para ser justos são capazes de violá-las?

DXXXIX
A política faz entre os príncipes o que os tribunais fazem entre os indivíduos. Vários fracos coligados contra um poderoso impõem-lhe a necessidade de moderar sua ambição e suas violências.

DXL
Era mais fácil aos romanos e aos gregos subjugarem grandes nações do que conservar hoje uma peque-

na província conquistada legitimamente, no meio de tantos vizinhos invejosos e de povos igualmente instruídos na política e na guerra e tão ligados por seus interesses, pelas artes e pelo comércio quanto separados por seus limites.

DXLI
O senhor de Voltaire não encara a Europa senão como uma república formada por diferentes soberanias. Assim, um espírito amplo aparentemente diminui os objetos confundindo-os em um conjunto que os reduz à sua justa extensão; mas ele os aumenta realmente ao desenvolver suas relações e ao formar um único e magnífico quadro partindo de tantas partes irregulares.

DXLII
É uma política útil mas limitada decidir-se sempre pelo presente e preferir o certo ao incerto, embora menos lisonjeiro; e não é assim que os Estados se elevam, nem mesmo os indivíduos.

DXLIII
Quem sabe tudo sofrer, tudo pode ousar.

DXLIV

Os homens são reciprocamente inimigos natos, não porque se odeiem, mas porque não podem crescer sem se contrariar; de modo que, observando religiosamente as conveniências, que são as leis da guerra tácita que se fazem, ouso dizer que é quase injustamente que de ambas as partes se acusam de insolência.

DXLV

Os indivíduos negociam, fazem alianças, tratados, ligas, paz e guerra, em uma palavra, tudo o que os reis e os mais poderosos povos podem fazer.

DXLVI

Falar igualmente bem de todo mundo é uma pequena e má política.

DXLVII

A maldade substitui o espírito.

DXLVIII

A fatuidade compensa a ausência de sensibilidade.

DXLIX

Aquele que se impõe a si mesmo impõe-se aos outros.

DL

Como a natureza não igualou todos os homens pelo mérito, parece que ela não pôde ou não teve de igualá-los pela fortuna.

DLI

A esperança faz maior número de iludidos do que a aptidão.

DLII

O covarde precisa devorar menos ultrajes do que o ambicioso.

DLIII

Nunca nos faltam razões, quando fazemos fortuna, para esquecer um benfeitor ou um antigo amigo; e lembramos então, com irritação, tudo o que por tanto tempo dissimulamos quanto a seus temperamentos.

DLIV

Seja qual for o benefício e custe ele o que custar, como o recebemos como tal somos obrigados a retribuir, assim como manteremos um mau negócio quando tivermos dado nossa palavra.

DLV
Não há injúria que não perdoemos quando tivermos nos vingado.

DLVI
Esquecemos uma afronta sofrida até atrairmos outra por nossa insolência.

DLVII
Se é verdade que nossas alegrias são curtas, a maioria de nossas aflições não é longa.

DLVIII
A maior força de espírito nos consola menos rapidamente do que sua fraqueza.

DLIX
Não há perda que sentimos com tanta intensidade e por tão pouco tempo quanto a de uma mulher amada.

DLX
Poucos aflitos sabem fingir todo o tempo necessário pela própria honra.

DLXI
Nossas consolações são uma lisonja para com os aflitos.

DLXII
Se os homens não se lisonjeassem reciprocamente, não haveria sociedade.

DLXIII
Somente a nós cabe admirar a religiosa sinceridade de nossos antepassados, que nos ensinaram a nos degolar por um desmentido; um tal respeito pela verdade, entre os bárbaros que conheciam apenas a lei da natureza, é glorioso para a natureza.

DLXIV
Sofremos poucas injúrias por bondade.

DLXV
Acreditamos às vezes em nossas próprias mentiras para não precisar desmenti-las, e nos enganamos a nós mesmos para enganar os outros.

DLXVI
A verdade é o sol das inteligências.

DLXVII

Enquanto metade da nação atinge o máximo de polidez e de bom gosto, a outra metade é bárbara a nossos olhos, sem que um espetáculo tão singular possa retirar-nos o desprezo pela cultura.

DLXVIII

Tudo o que mais lisonjeia nossa vaidade é fundamental apenas na cultura que desprezamos.

DLXIX

A experiência que temos dos limites de nossa razão torna-nos dóceis diante dos preconceitos.

DLXX

Como é natural acreditar em muitas coisas sem demonstração, não é menos natural duvidar de algumas outras apesar de suas provas.

DLXXI

A convicção do espírito nem sempre arrasta a do coração.

DLXXII

Os homens não se compreendem uns aos outros. Há menos loucos do que pensamos.

DLXXIII
Por pouco que nos interessemos pela religião e pelas misérias do homem, não temos dificuldades em nos colocarmos entre os espíritos superiores.

DLXXIV
Homens inquietos e temerosos diante dos menores interesses fingem desafiar a morte.

DLXXV
Se os menores perigos nos negócios nos trazem vãos horrores, em que temores a morte não deve nos mergulhar quando se trata, para sempre, de todo o nosso ser, e quando o único interesse que nos resta não está mais em nosso poder conduzir, às vezes nem sequer conhecer!

DLXXVI
Newton, Pascal, Bossuet, Racine, Fénelon, isto é, os homens mais esclarecidos da Terra, no mais filosófico de todos os séculos, e na força de seu espírito e de sua idade, acreditaram em Jesus Cristo; e o grande Condé, ao morrer, repetia estas nobres palavras: "Sim, veremos a Deus como é, *sicuti est, facie ad faciem*" (face a face).

DLXXVII
As doenças suspendem nossas virtudes e nossos vícios.

DLXXVIII
A necessidade completa os males que ela não sabe aliviar.

DLXXIX
O silêncio e a reflexão esgotam as paixões como o trabalho e o jejum consomem os humores.

DLXXX
A solidão é para o espírito o que a dieta é para o corpo.

DLXXXI
Os homens ativos suportam com menor paciência o tédio do que o trabalho.

DLXXXII
Toda pintura verdadeira nos encanta, até os louvores alheios.

DLXXXIII
As imagens embelezam a razão e o sentimento a persuade.

DLXXXIV

A eloqüência vale mais do que o saber.

DLXXXV

O que nos faz preferir, com justiça, o espírito ao saber é que este está mal nomeado e geralmente não é nem tão útil nem tão extenso quanto o que conhecemos por experiência ou o que podemos adquirir por raciocínio. Consideramos também o espírito a causa do saber e estimamos mais a causa do que seu efeito: isto é sensato. Todavia, quem nada ignorasse teria todo o espírito que se pode ter, sendo o maior espírito do mundo a ciência ou a capacidade de adquiri-la.

DLXXXVI

Os homens não se aprovam suficientemente para se atribuírem uns aos outros a capacidade dos grandes cargos. Tudo o que podem fazer, para os que os ocupam com êxito, é dar-lhes reputação após a morte. Porém, propondes o homem que tem o maior espírito do mundo: Sim, dizem, se ele tivesse maior experiência, ou se fosse menos preguiçoso, ou se não fosse mal-humorado ou o contrário; pois não há pretexto que não se tome para excluir o aspirante, até o ponto de dizer que é um homem demasiadamente honesto, na suposição de que nada se possa censurar de mais plausível: essa fórmula é tão pouco verdadeira *que é mais fácil parecer digno dos grandes cargos do que preenchê-los.*

DLXXXVII
Aqueles que desprezam o homem não são grandes homens.

DLXXXVIII
Interessamo-nos muito mais por observar as contradições, tantas vezes imaginárias, e os outros erros de um autor do que por aproveitar suas idéias, verdadeiras ou falsas.

DLXXXIX
Para decidir se um autor se contradiz é preciso que seja impossível harmonizá-lo.

SOBRE O LIVRO

Formato: 11,5 x 18 cm
Mancha: 19,6 x 38 paicas
Tipologia: Adobe Jenson Regular 13/17
Papel: Pólen Soft 80 g/m² (miolo)
Couchê 120 g/m² encartonado (capa)
1ª *edição*: 2007

EQUIPE DE REALIZAÇÃO

Edição de textos
Adriana de Oliveira (Copidesque)
Nair Kayo (Preparação de original)
Regina Machado (Revisão)

Ilustração da capa
Soares

Capa
Andréa Yanaguita